W9-BNQ-397

American Lives

Abraham Lincoln

Rick Burke

Heinemann Library
Chicago, Illinois

Created by the publishing team
at Heinemann Library

Designed by Ginkgo Creative, Inc.
Translation into Spanish produced by
DoubleO Publishing Services
Photo Research by Kathryn Creech
Printed in China

07 06
10 9 8 7 6 5 4 3 2

Library of Congress Cataloging-in-Publication Data
Burke, Rick, 1957-
 [Abraham Lincoln. Spanish]
 Abraham Lincoln / Rick Burke.
  p. cm. -- (Personajes estadounidenses)
 Includes bibliographical references and index.
 ISBN 1-4034-9168-2 (hb-library binding) -- ISBN
1-4034-9175-5 (pb)
 ISBN 978-1-4034-9168-8 (hb-library binding) -- ISBN
978-1-4034-9175-6 (pb)
 1. Lincoln, Abraham, 1809-1865--Juvenile
literature. 2. Presidents--United States--Biography--
Juvenile literature. I. Title. II. Series.
 E457.905.B8718 2006
 973.7092--dc22   2006007297

Acknowledgments
The author and publishers are grateful to the
following for permission to reproduce copyright
material: pp. 4, 7, 10, 11, 19, 25 The Library of
Congress; p. 6 SEF/Art Resource; p. 8L Abraham
Lincoln Library and Museum, Lincoln Memorial
University, Harrowgate, Tennessee; p. 8R Chicago
Historical Society; p. 9 North Wind Picture
Archives; pp. 12, 14, 15, 17, 22, 23, 24, 26 Corbis;
p. 13 The Granger Collection, New York; p. 18
National Portrait Gallery, Smithsonian Institution/
Art Resource; p. 20 Minnesota Historical Society/
Corbis; p. 21 Index Stock; p. 27 Hulton Archive/
Getty Images; p. 28 Izzy Schwartz/PhotoDisc; p. 29
R. Morley/PhotoLink/PhotoDisc

Cover photograph: Bettmann/Corbis

Special thanks to Patrick Halladay for his help in
the preparation of this book. Rick Burke thanks
Sherry . . . you're as memorable as A. Lincoln.

Every effort has been made to contact copyright
holders of any material reproduced in this book.
Any omissions will be rectified in subsequent
printings if notice is given to the publisher.

Algunas de las palabras aparecen en negrita, **como éstas.**
Puedes encontrar lo que significan en el glosario.

Para más información sobre la imagen de Abraham Lincoln
que aparece en la tapa del libro, busca en la página 15.

Contenido

El viaje de un presidente

Abraham Lincoln acababa de ser electo presidente de los Estados Unidos. Viajaba en tren desde su casa en Springfield, Illinois, a Washington, D. C., en febrero de 1861.

No iba a ser un viaje fácil. En el camino había gente que quería matar a Lincoln. Lincoln estaba encarando el mayor problema que cualquier presidente había tenido que enfrentar.

Esta fotografía de Lincoln fue tomada cuatro días antes de que muriese en abril de 1865.

La gente de los estados del Sur quería separarse de los Estados Unidos. Pensaban que Lincoln acabaría con la **esclavitud.** Decían que necesitaban esclavos para cultivar tabaco y algodón.

4

La gente de los estados del Norte pensaba que la esclavitud estaba mal. Los líderes del Sur decidieron abandonar los Estados Unidos y formar su propio país. Lo llamaron los Estados **Confederados** de América.

Los **Patriotas** habían luchado contra los soldados británicos casi 100 años antes para hacer de los Estados Unidos una nación libre. Lincoln quería honrarlos y mantener unido el país. Sería una tarea muy difícil.

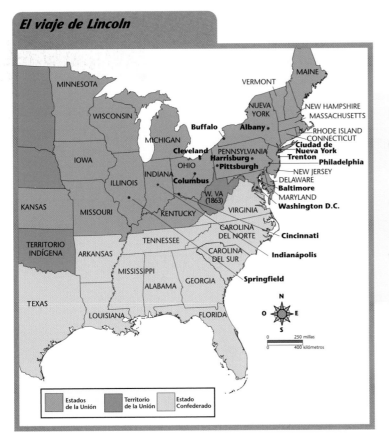

El viaje de Lincoln

Lincoln se detuvo en estas ciudades, en 1861, durante su viaje de 12 días en tren, desde Springfield a Washington, D.C.

5

Los primeros años

Abraham Lincoln nació en una cabaña hecha de troncos, de una sola habitación, el 12 de febrero de 1809, en Hardin County, Kentucky. Le pusieron el nombre de su abuelo. Él era el segundo hijo de Thomas y Nancy Lincoln. Su hermana mayor, Sarah, nació en 1807.

La familia Lincoln era pobre. Thomas Lincoln era agricultor. Al igual que otros agricultores,

Esta cabaña fue construida en Kentucky en 1931 en el lugar donde estuvo la casa en la que Lincoln pasó sus primeros años.

necesitaba que sus hijos lo ayudaran en los campos. No todo el mundo iba a la escuela cuando Abraham era niño. Sus padres no sabían leer ni escribir.

La vida de Abraham Lincoln

1809	1834	1842	1846
Nace en Kentucky el 12 de febrero.	Electo para la **Cámara de Representantes de Illinois.**	Se casa con Mary Todd el 4 de noviembre.	Electo para la Cámara de Representantes de los EE.UU.

A veces se les permitía a Sarah y Abraham ir a la escuela.
A Abraham le encantaba aprender. Leía libros siempre que podía. Cuando araba los campos de su padre, tomaba un descanso al acabar cada surco y leía unas líneas mientras el caballo descansaba.

En la cabaña, Abraham se sentaba junto al fuego para poder leer de noche.

Las primicias

- *Primer presidente nacido en Kentucky.*
- *Primer y único presidente en recibir una **patente.***
- *Primer **Republicano** en ser electo presidente.*

1860	1864	1865	1865
Electo 16º presidente de los EE.UU el 6 de noviembre.	Reelecto presidente el 8 de noviembre.	Herido de un disparo por John Wilkes Booth el 14 de abril.	Muere el 15 de abril en Washington, D.C.

Lugares nuevos donde vivir

Thomas Lincoln se mudó con su familia a Little Pigeon Creek, Indiana, cuando Abraham tenía siete años. Abraham tenía sólo nueve años cuando murió su madre. Un año después, Thomas se casó con una mujer a quien todos llamaban Sally. Sally era **viuda** y tenía tres hijos. Quería mucho a Abraham y a Sarah, y ellos también la querían.

Abraham manejaba bien el hacha. Talaba árboles para su padre, partía troncos, construía vallas y cortaba leña. Se hizo alto y fuerte, pero se dio cuenta que no le gustaba ser agricultor.

Thomas Lincoln y su segunda mujer, Sarah "Sally" Bush Johnston, se casaron el 2 de diciembre de 1819.

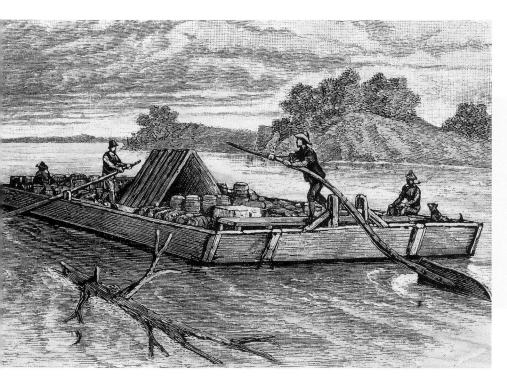

Lincoln guió un bote plano como éste por el río Mississippi.

En 1830, cuando Abraham tenía 21 años, Thomas y su familia se mudaron de nuevo. Esta vez, se mudaron al oeste de la ciudad de Decatur, Illinois. Abraham ayudó a construir una cabaña y a despejar la tierra para el cultivo.

Cuando terminó, se marchó. Trabajó en un bote que viajaba por el río Mississippi hasta la ciudad de Nueva Orleans. También encontró un hogar en New Salem, Illinois.

La tierra de Lincoln

*Lincoln fue electo para la **Cámara de Representantes de Illinois.** El lema del estado es "la tierra de Lincoln".*

9

Las leyes y Mary

John Todd Stuart, amigo de Lincoln, le sugirió que se hiciera abogado. Lincoln se llevó a New Salem una bolsa llena de libros de leyes para estudiárselos. Cuando hacía buen tiempo, se sentaba bajo un árbol y leía sus libros todo el día.

Tras estudiar tres años, Lincoln pasó el examen para ser abogado. Se mudó a Springfield, Illinois, y allá fue un buen abogado. Durante un **juicio**, un testigo dijo que vio al **cliente** de Lincoln matar a alguien a la luz de la luna. Lincoln llevó

un **almanaque** donde se demostraba que no había luna esa noche. Salvó a su cliente de tener que ir a prisión.

Puede que ésta sea la primera foto de Lincoln, tomada en 1846 ó 1847.

Mary Todd tenía 23 años cuando se casó con Lincoln, que tenía 33.

En diciembre de 1839, Lincoln fue a una fiesta de un amigo en Springfield. Le gustaba tener gente alrededor, pero hablar con mujeres lo ponía nervioso. Se preocupaba por si decía algo incorrecto o maleducado.

En la fiesta, Lincoln conoció a una joven de Lexington, Kentucky, llamada Mary Todd. Se gustaron de inmediato. Los padres de Mary no querían que se casara con Lincoln, pero Mary y Abraham se casaron de todos modos el 4 de noviembre de 1842. Tuvieron cuatro hijos: Robert, Edward, William y Tad. Sólo Robert creció a edad adulta.

Los debates Lincoln-Douglas

En 1858, Lincoln intentó que lo eligieran **senador** por Illinois porque no le gustaba la esclavitud. Lincoln pensaba que si sólo había **esclavitud** en los estados del Sur la costumbre de tener esclavos desaparecería.

El otro **candidato** en las elecciones era Stephen Douglas. Él creía que las personas que vivían en zonas donde se creaba un nuevo estado deberían decidir por sí mismas si permitían o no la esclavitud. Lincoln desafió a Douglas a siete **debates.** Así cada uno podría explicar sus ideas.

Douglas apoyó a Lincoln cuando se convirtió en presidente y al comenzar la **Guerra Civil.**

Grande y pequeño

En los debates, Lincoln y Douglas se veían extraños uno al lado del otro. Douglas medía tan sólo cinco con cuatro pies (1.65 metros), mientras que Lincoln medía un pie más. El apodo de Douglas era "pequeño gigante".

Los debates tuvieron lugar en siete ciudades de Illinois. Miles de personas fueron a escuchar a Lincoln y a Douglas. Los periódicos de todos los Estados Unidos imprimieron lo que decía cada uno de ellos. Las ideas de Lincoln sobre el fin de la esclavitud hicieron que la gente del Sur se pusiera nerviosa y se enojara.

Según se celebraban los debates, la voz baja de Douglas se agotaba y era difícil oírle. Sin embargo, aún se oía la voz de Lincoln, que era más aguda.

Elecciones

Douglas ganó las elecciones a **senador.** Sin embargo las ideas y palabras de Lincoln lo hicieron famoso en todos los Estados Unidos.

En 1860, Lincoln intentó que lo eligieran presidente de los Estados Unidos. Los otros **candidatos** eran Douglas, John Bell por Tennesse y John Breckinridge por Kentucky. Las personas que no querían que Lincoln fuera presidente dividieron sus votos entre los otros tres candidatos. Como resultado, Lincoln obtuvo más votos y ganó las elecciones.

Este póster de las elecciones muestra a Lincoln y a Hannibal Hamlin, candidato a vicepresidente.

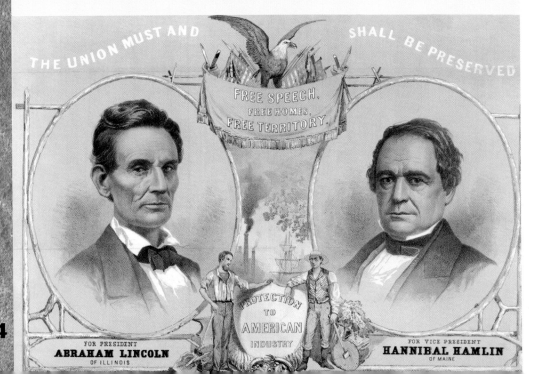

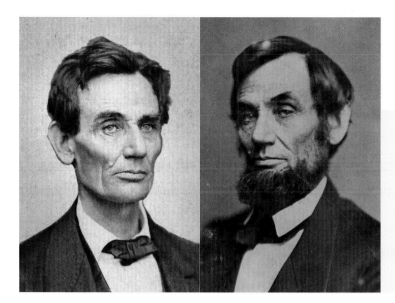

Estas imágenes muestran a Lincoln antes y después de dejarse crecer la barba.

Justo antes del día de las elecciones, Lincoln recibió una carta de una niña de once años llamada Grace Bedell, de Westfield, Nueva York. Grace le pedía a Lincoln que se dejara barba. Pensaba que Lincoln se vería mejor con barba porque tenía el rostro muy delgado. También decía que todas las mujeres del país pedirían a sus maridos que votasen por Lincoln si tenía barba. Lincoln se dejó barba el resto de su vida.

El señor Lincoln

Lincoln odiaba el nombre "Abe". Le gustaba que la gente lo llamara Lincoln o señor Lincoln. La señora Lincoln lo llamaba "padre" y él la llamaba "madre".

Una nación dividida

Lincoln se convirtió en presidente en 1861. Algunos estados del Sur se habían separado de los Estados Unidos para formar los Estados **Confederados** de América. Cerca de nueve millones de personas, incluido cuatro millones de **esclavos,** vivían en esos estados. Los líderes confederados querían que todas las oficinas del gobierno y todos los soldados de los EE.UU. se marcharan. Lincoln se rehusó. No se rendiría sin pelear.

Veintitrés estados con unos 22 millones de personas permanecieron en los Estados Unidos. Estos estados tenían más fábricas y ferrocarriles, pero el Sur tenía más generales para liderar a los soldados en la batalla.

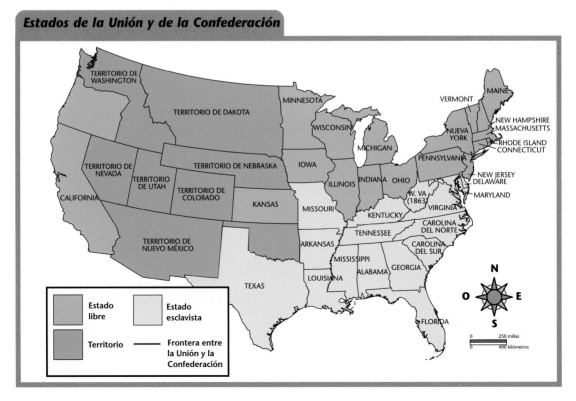

Estados de la Unión y de la Confederación

16

La imagen muestra la primera batalla de la Guerra Civil: el ataque de la Confederación al Fuerte Sumter, en Carolina del Sur.

El 12 de abril de 1861, la Confederación atacó un fuerte de los Estados Unidos en Charleston, Carolina de Sur. La **Guerra Civil** había comenzado. Lincoln no tuvo mucha suerte al elegir a un general para liderar a los soldados de la **Unión** en la guerra. Quería que Robert E. Lee fuera su general pero Lee amaba su estado natal, Virginia, un estado del Sur. Más adelante, Lee dirigió a los soldados confederados.

Lincoln eligió a Irvin McDowell como general, pero no fue una buena elección. Lincoln probó con distintos generales hasta que encontró uno que sabía cómo luchar.

Liberar a los esclavos

A comienzos de la **Guerra Civil,** Lincoln dijo que dejaría al Sur conservar sus **esclavos.** Sin embargo, los estados del Sur dijeron a Lincoln que no regresarían a los Estados Unidos a menos que permitieran la esclavitud en todos los estados.

Lincoln no quería que eso sucediera, pero sí quería que terminara la guerra. Quería salvar la **Unión** aunque significara liberar a todos los esclavos, a parte de los esclavos o a ningún esclavo. Lincoln quería que los Estados Unidos siguiera siendo un solo país, y dijo que lo haría. El Sur no tenía intenciones de ceder, así que Lincoln tomó una decisión.

Esta foto de Lincoln fue tomada en 1863, el mismo año en que firmó la Proclama de Emancipación.

Esta versión de una de las hojas de la proclama muestra la propia letra de Lincoln.

El 1 de enero de 1863, Lincoln firmó la **Proclama de Emancipación.** Este documento decía que todos los esclavos que vivían en los Estados que estaban en guerra con la Unión quedaban libres. Lincoln dijo: "Si mi nombre pasa a la historia, será por este acto".

Sin embargo, los esclavos de Missouri, Kentucky, Maryland y Delaware seguirían siendo esclavos. Lincoln no quiso liberar a los esclavos de estos estados porque quería que permanecieran en la Unión.

19

El Discurso de Gettysburg

A principios de la **Guerra Civil,** a la **Unión** no le fue muy bien en sus batallas. La guerra empezó a ir mejor para la Unión en la Batalla de Gettysburg, en julio de 1863. El general Robert E. Lee y los soldados **confederados** viajaban a Gettysburg, Pennsylvania, con la esperanza de encontrar zapatos para los soldados.

El general George Meade y los soldados de la Unión se encontraron con el ejército de Lee cerca de Gettysburg. Después de tres días de lucha feroz, los soldados de la Unión forzaron la retirada de los confederados.

En Gettysburg, Meade tenía miles de soldados más que Lee.

Unos 50,000 soldados murieron en la Batalla de Gettysburg. Lotes de terreno ahí se usaron para enterrar a los muertos y se convirtió en un cementerio nacional para soldados. El 19 de noviembre de 1863, Edward Everett, un famoso orador, dio un discurso en el cementerio. También invitaron a hablar a Lincoln.

Así se ve en la actualidad el Cementerio Nacional de Gettysburg.

Everett habló unas dos horas. Cuando llegó el turno de Lincoln, éste sacó dos hojas de papel y leyó diez oraciones que había escrito. Con palabras simples y bellas, explicó por qué los Estados Unidos debían ser una sola nación. El discurso, conocido hoy en día como el Discurso de Gettysburg, es uno de los más famosos en la historia estadounidense.

Encontrar un general

Cuando fue electo presidente, Lincoln sabía muy poco sobre cómo dirigir un ejército. Al comienzo de la guerra, confió en que sus generales sabían qué hacer. El problema era que sus generales no eran muy buenos.

Aquí se ve a Lincoln con su hijo Tad. A Tad le gustaba gastarles bromas a las demás personas cuando los Lincoln vivían en la Casa Blanca.

Lincoln aprendió cómo liderar un ejército de la misma forma que aprendió sobre todo lo demás: leyendo. Lincoln sabía que la **Unión** tenía más habitantes y era el doble de grande que los estados **confederados.** La forma de ganar la guerra era luchar sin tregua contra los ejércitos del Sur. La Unión necesitaba luchar hasta que al Sur no le quedaran más hombres.

Por fin, Lincoln encontró un general que pensaba como él. Eligió a Ulysses S. Grant para liderar a los soldados de la Unión. Grant había ganado batallas para la Unión al oeste del país. A diferencia de los otros generales de Lincoln, Grant no le temía a la lucha.

Grant quería encontrar y atacar a los confederados hasta que se rindieran. Grant envió al general William Tecumseh Sherman por el sur hasta Georgia y subiendo hacia el norte por Carolina del Norte y del Sur. Grant esperaba atrapar al ejército del Sur entre dos grandes ejércitos de la Unión.

Esta imagen del general Grant fue tomada cerca de un campo de batalla en el estado de Virginia.

23

La reelección

Lincoln podía ya ver el final de la guerra. El Sur no podía competir con las fábricas, el ferrocarril, el dinero y la población del Norte. Lincoln quería ganar la guerra, pero también deseaba que los estados del Sur regresaran a los Estados Unidos.

En noviembre de 1864, Lincoln quería ser electo presidente de nuevo. Esta vez se enfrentaba a George B. McClellan, un hombre a quien Lincoln había despedido como general de uno de los principales ejércitos de la **Unión.**

Esta imagen muestra a Lincoln en una reunión con McClellan y otros soldados en un campo de batalla del estado de Maryland, en 1862.

Una multitud de personas fueron a Washington, D.C., para ver el comienzo del segundo mandato de Lincoln.

Parecía que Lincoln no iba a ganar las elecciones. La gente del Norte estaba cansada de la guerra. Miles de hombres habían muerto. McClellan les dijo a los votantes que si lo elegían, acabaría con la guerra. La Unión iba ganando la guerra hasta el día de las elecciones.

Los soldados de la Unión capturaron Atlanta, Georgia, y la flota **confederada** fue destruida en Mobile Bay, Alabama. Lincoln ganó las elecciones por unos 400,000 votos. Más de cuatro millones de hombres votaron. El 9 de abril de 1865, el general Lee dejó de luchar para el Sur. La guerra había terminado.

25

Disparos

A principios de abril de 1865, Lincoln tuvo un sueño que contó a varias personas. En el sueño, iba caminando una noche por la Casa Blanca. Veía un cadáver y le preguntaba a un soldado que estaba cerca quién había muerto. El soldado le decía que alguien acababa de matar al presidente. El sueño asustó a Lincoln, pero bromeó sobre él como hacía a menudo cuando algo lo asustaba.

La noche del 14 de abril de 1865, Lincoln y su mujer, Mary, fueron al Teatro Ford en Washington, D.C., a ver una obra titulada *Our American Cousin* (Nuestro primo estadounidense). Cuando entraron en el teatro, el público se levantó y aplaudió. El presidente sonrió, saludó y se sentó en una butaca que daba al escenario.

Esta imagen del exterior del Teatro Ford es de la década de 1870.

26

Booth, un famoso actor de la época, recibió disparos cuando soldados intentaban capturarlo.

Cerca de una hora más tarde, un hombre llamado John Wilkes Booth subió las escaleras hasta el lugar donde se sentaba Lincoln. Sacó un arma de su abrigo y disparó a Lincoln en la parte trasera de la cabeza. Los médicos del teatro se llevaron a Lincoln a una casa al otro lado de la calle. Lincoln murió temprano a la mañana siguiente.

El guardia de Lincoln

Lincoln tenía un guardia en el Teatro Ford. Se suponía que el guardia debía sentarse cerca del presidente, pero dejó su asiento.

Recordando a Lincoln

En los Estados Unidos y en el resto del mundo se recuerda a Lincoln como uno de los más grandes presidentes del país. Nació en una cabaña hecha de troncos y fue a la escuela sólo durante un año. Sin embargo, trabajando duro, aprendió por sí mismo las lecciones que necesitaba para tener éxito.

Lincoln probó que personas que no tenían mucho podían convertirse en presidente. Enfrentó el mayor problema que ningún otro presidente estadounidense ha visto. Mantuvo unida a una nación que se estaba dividiendo en dos. Lincoln dio a millones de **esclavos** algo que nunca creyeron que lograrían: su libertad.

El monumento a Lincoln en Washington, D.C., se terminó en 1922.

Esta estatua está situada a la entrada del monumento, construido para recordar lo que Lincoln hizo por su país.

Lincoln dio fuerza y liderazgo a una nación cuando su pueblo más lo necesitaba. Sus palabras y actos dieron a las personas el coraje para luchar en lo que creían. Lucharon para mantener unida a la nación y acabar con la esclavitud. A mucha gente no le gustaba Lincoln por sus creencias. Eso no le importó. Lincoln siempre intentó tener el valor para hacer lo que creía correcto para los Estados Unidos de América.

Glosario

almanaque libro que sale cada año y tiene un calendario, predicciones sobre el tiempo y listas de datos sobre las mareas y las salidas y las puestas de sol

Cámara de Representantes de Illinois parte del gobierno del estado de Illinois que hace sus leyes

candidato persona que quiere ser electa para un cargo, posición o trabajo

cliente persona que contrata a alguien para que le ayude y aconseje

Confederado persona que estaba del lado de los once estados que formaron los Estados Confederados de América. Durante la Guerra Civil, estos estados también eran conocidos como el Sur.

debatir discutir a favor o en contra de una idea

esclavitud cuando una persona es propiedad de otra

Guerra Civil guerra entre los estados del Norte y del Sur que duró de 1861 a 1865

juicio audiencia en una corte para decidir algo

patente derecho de un inventor a fabricar, usar o vender su invento

patriota persona que ama a su país

Proclama de Emancipación documento que en 1862 prometió la libertad a todos los esclavos que vivían en los estados confederados que no volvieron a la Unión

Republicano miembro del Partido Republicano, uno de los principales grupos políticos en los Estados Unidos

senador miembro del Senado de los Estados Unidos, uno de los dos organismos que crean leyes en los Estados Unidos

Unión lado que luchó por los estados que permanecieron dentro de los Estados Unidos durante la Guerra Civil. También conocida como el Norte.

viuda mujer cuyo marido ha muerto

Más libros para leer

Adler, David. *Un libro ilustrado sobre Abraham Lincoln.* SM de Ediciones, 1991.

Nelson, Kristin. *El Monumento a Lincoln.* Ediciones Lerner, 2005.

Usel, T.M. Abraham. *Lincoln: Una biografía ilustrada con fotografías.* Bridgestone Books, 1999.

Lugares para visitar

Lincoln Home Nacional Historic Site
(Sitio histórico nacional del hogar de Lincoln)
413 South Eighth Street
Springfield, Illinois 62701
Información al visitante: (217) 492-4241

Lincoln Memorial (Monumento a Lincoln)
National Mall
Washington, D.C. 20024
Información al visitante: (202) 426-6841

Gettysburg National Military Park
(Parque Militar Nacional de Gettysburg)
97 Taneytown Road
Gettysburg, Pennsylvania 17325
Información al visitante: (717) 334-1124

Índice